日本社会は本当にこれでいいのか？
安倍政権の７年を問う！

フォーラム平和・人権・環境

JN061058

目次

日本社会は本当にこれでいいのか？　安倍政権の7年を問う！

刊行にあたって

藤本泰成　第**56**回護憲大会実行委員長

北海道函館市で護憲大会を開催したい。共に函館で青春時代を送った高校の後輩、長田秀樹（北海道平和運動フォーラム前代表）と話をしたのはいつだったか。「安倍政権にガツンと一発食わしてやろう」くらいの意気で準備を始めたのだが、ただ者ではない女性3人、メイン企画は本当に素晴らしいものとなりました。

わずか2時間ほどのシンポジウムでしたが、しかし、とにかく内容の濃いものとなりました。基本は、女性、格差、差別、労働、戦争、安倍政権が「いのち」をいかにないがしろにしてきたのか、3人の放つ言葉から明確に今の世の中が見えてきます。

バブル崩壊からの失われた20年、終身雇用を基本にした日本型の雇用制度が崩壊し、非正規労働者が増加するなかで、安倍政権はその当初から「再チャレンジ」を掲げて自己努力・自己責任を人々に強いてきました。同じスタートラインに並ぶことのできないシングルマザーは、その8割が、働いているにもかかわらず貧困ラインギリギリか、まさに貧困そのものの生活を強いられています。貧困と格差に対する問題意識の高まりがある一方で、安倍政権で顕著になった「自己責任論」によって、雨宮処凜さんが指摘する「生きづらい世代」は、「生産性のない人を生かすほど財政上の余力はない」とする「命の選別」がすすむ社会に放り出されています。多くの人々が競争社会の中で追い詰められ、雨宮さんが言うように、社会には「不寛容」があふれています。

安倍政権は、そんなきびしい中で「働き方改革」を強行しました。中野麻美さんは、それは一言で言えば、人間と労働を国家と経済の道具にすることだと指摘しています。「戦時体制の究極の姿は人間を道具化することであり、人間を序列化していきます」。中野さんの言葉は、まさに雨宮さんの指摘する社会の現状を、戦争法を強行した安倍政権の政策として明らかにしています。

ＬＧＢＴ（Lesbian,Gay,Bisexual,Transgender）には生産性がないなど問題発言を繰り返す杉田水脈自民党衆議院議員は、選択的夫婦別姓の議論に「なら結婚しなくていい」と発言し、女性が輝けなくなったのは伝統や慣習を破壊するナンセンスな男女平等にあると、日本国憲法24条を批判しています。杉田議員に限らず日本の右翼政治家は、おしなべて憲法24条の「家庭生活における個人の尊厳」と「両性の本質的平等」を否定し、戦前の家父長制の家族制度を礼賛するものです。このシンポは、そのことの重要な意味を明らかにしています。シンポジウムのまとめに清末愛砂さんは「憲法24条と9条（戦争の放棄）を両輪に、13条（個人の尊厳）、14条（法の下の平等）、25条（生存権）を総合的に捉えた先に、非軍事、非暴力の、人間の連帯に基づく社会をつくることができる」と指摘しました。私たちは、この言葉を、しっかりと受け止めたいと思います。

最後に、雨宮処凛さん、中野麻美さん、清末愛砂さんに、そして、この出版を企画しまとめていただいた北海道地方自治研究所の正木浩司さんに、心から感謝を申し上げ、多くの方々に読んでいただけることを願ってペンを擱きたいと思います。

（フォーラム平和・人権・環境　共同代表）

※本稿は、２０１９年11月９日、北海道函館市内で開催された、「憲法理念の実現をめざす第56回大会」の１日目・メイン企画の内容を、公益社団法人北海道地方自治研究所・憲法研究会がまとめたものです。

【シンポジウム】日本社会は本当にこれでいいのか？　安倍政権の7年を問う！

はじめに――安倍政権下の日本社会

清末愛砂　本日のシンポジウムの進行役を務めさせていただきます清末と申します。私は北海道出身ではなく、安倍首相の選挙区がある山口県の出身です。２０１１年10月から室蘭工業大学で憲法学を教えています。個人的な研究テーマとして、日本国憲法24条、すなわち、家庭生活における個人の尊厳と両性の本質的な平等について規定している条項について、平和主義の観点から研究を続けています。あわせて、アフガニスタン、あるいはイスラエルの封鎖下にあるパレスチナのガザ地区など、いわゆる紛争地での様々な平和活動にも携わっており、それらの国や地域の現状を通して、平和を獲得することがいかに難しいかということを実感しながら、たくさんのことを学んできました。

シンポジウムを始めるにあたり、まず私から、企画の趣旨と進め方について説明をさせていただきます。

私は昨日、台湾から帰国したばかりです。このたび台湾に行ってきたのは「世界女性シェルター会議」の大会がアジアで初めて行われ、これに参加するためでした。台湾はアジアでは他に追随を許さないほど高いレベルでジェンダー平等が進み、民主主義や人権保障の成熟度が高いところです。日本と比較すると桃源郷にすら思えるところから戻ってくると、そのギャップの大きさを実感せずにはいられません。このギャップは第二次安倍政権の発足以降の7年間で、ますます拡大したと思います。本集会の配付資料に「様々な批判を省みることなく、共謀罪法、特定秘密保護法、安全保障関連法、働き方改革関連法、改正入管法など様々な問題が指摘される法制度を、国家の圧倒的多数を背景に決定してきました」と書かれています。こうした悪法が安倍政権下で制定されてきたのです。

また、私たちの生活状況が年々逼迫するとともに、民主主義のあり方そのものが明確に問われるような時代になっています。最近は大学の関係者などと話をすると、戦時下の1930～40年代の日本社会はこういう感じだったのではないかということが語られます。当時は、自由主義的な思想を持つ大学人が社会から追いやられ、臣民と呼ばれていた国民の多くが国家の意向に沿って動員されていく時代でした。私たちは今、まさにそういう時代を生きているのです。こうした流れに歯止めをかけていかなければ、後に待っている結果はとてつもなく恐ろしいものになるでしょう。

このシンポジウムでは雨宮処凛さんと中野麻美さんのお二人に問題を指摘していただきながら、私たち一人ひとりがこの瞬間から向き合わなければならない課題や将来の希望を展望していきたいと思います。

うさん臭い「女性の活躍推進」が大学にもたらしている変化

清末　雨宮さんと中野さんにお話しいただく前に、私の方から、この7年間の大学の変化についてお話をさせていただきます。

私はかつて、大学の常勤教員になったら、平和運動に関わりながらも時間をかけて様々な研究をしながら生活していけたらいいなと漠然と考えていたことがあります。しかし、国立大学で比較的長く働くなかで、そうした思いは実現が難しいということを年々実感するようになりました。現在の大学には様々な問題や矛盾があり、全てをこの限られた時間の中で話し尽くすことはできません。本シンポジウムの登壇者3名が全員女性ということもあり、ここでは、ジェンダーの観点から大学の問題を一つご紹介させていただきます。

2013年以降、安倍政権は、「女性の活躍推進」の名の下で「すべての女性が輝く社会」をキーワードに、諸々の施策を進めてきました。「女性の活躍推進」とか「すべての女性が輝く社会」といった言葉はとてもきれいに聞こえますので、ジェンダー平等の文脈から日本が良い方向に変わっていくのではないかと期待された人もいるかもしれません。しかし、私自身はこれらの言葉を聞いた瞬間、嫌な臭いを感じました。アメリカは当初、2001年10月にアフガニスタンに対してアメリカ軍などが軍事攻撃を行ったとき、その理由を「9・11同時多発テロへの報復」と言っていたにもかかわらず、翌月以降になると早くも主張を変え、ターリバーン政権によって厳しく抑圧されているアフガニスタンの女性たちを解放するための作戦であると言い出しました。「女性解放」を掲げたこの軍事行動によって、たくさんのアフガン女性が犠牲になりました。こうした経験が脳裏をよぎり、安倍政権の言う「女性の活躍推進」や「すべての女性が輝く社会」も、結局は女性たちを追い込んでいくのではないか、きれいな言葉面にだまされてはいけないのではないかと感じたのです近年の日本の大学、特に国立大学の中では女性教員を増やすための取り組みを進めてきました。しかし、蓋を開けるとはっきりわかるのは、女性教員の処遇の悪さです。かつて、室蘭工業大学は国公立大学の中で女性教員の数が最も少ない、しかも頭抜けて少ない大学でしたが、近年、女性教員の数を増加させるための募集策を講じ、最下位を脱しました。ただ、確かに若い女性教員の数は増えているのですが、多くが職階としては助教で、その場合、雇用形態は任期付教員です。もっともテニュアトラック制（任期付きの教員として採用されるが、任期の終了前に任期なしの教員となる審査が行われ、受かれば任期なし教員になる仕組み）であるため、さしあたりは有期雇用ですから、定年まで大学にいられるという保障はありません。教員にとって重要なのは、定年退職する年齢まで大学に継続的に雇用されることを保障され、安心して研究生活を送ることができるかどうかにあると思います。このように雇用方法に問題があるとはいえ、また、全体の割合としては相変わらず少数であるにしても、女性教員の数は確かに増えたとは言えるので、大学としては対外的にはそのことをアピールできます。

くわえて、ジェンダー・バランスという言葉が望ましくない方向に作用して、全体の割合としては少数の女性教員が様々な場面で役割を持たされることになりがちであるため、結果的に個々に多大な負担を強いられることにもなりかねません。にもかかわらず、彼女ら任期付教員は、5年なら5年で任期が切れると、契約更新または昇進による任期無し教員にならない限りはあっさりと解雇されてしまう状況に置かれています。「女性の活躍推進」という安倍政権の施策は、大学では実際のところ、女性たちに活躍ではなく一定の疲弊をもたらすとともに、雇用を不安にさせている状況が見られます。

ロスジェネを20年放置した代償

清末　私が紹介させていただいた大学の状況は、他の職域に比べるとまだ恵まれている方かもしれません。「女性の活躍推進」が始められて5年以上が経った現在も、日本社会に生きる多くの女性たちは相変わらず貧困に苦しんでいると思います。ダブルワークどころかトリプルワークをしなければ生活していけないシングルマザーの女性などにとってみれば、「輝く女性」とは一体誰の話をしているのか、「輝く」前に「食べる」方が先決だ、というのが実感だと思います。

そういう状況に鑑みながら、まず雨宮さんから、いわゆる「アベノミクス」という経済政策の実態と、安倍政権下の貧困問題についてお話しいただきたいと思います。

雨宮処凛　２０１２年12月に第二次安倍政権が発足し、最初に行われたことの一つは、生活保護の切り下げ（生活扶助の基準の切り下げにより、２０１３年8月から3年間で、生活保護費６７０億円の段階的なカットを実施）でした。私はこれを見て、安倍政権からは「貧乏人は見捨てますよ」というメッセージを受け取りました。

アベノミクスで経済状況は改善したという意見も聞かれますが、安倍政権下で非正規雇用の労働者は約３００万人増え、全労働者に占める非正規率は4割近くにも上っています。非正規労働者の平均年収は、国税庁のデータによると、２０１８年で１７９万円、男性に限ると２３６万円、女性に限ると１５４万円です。現在の貧困ラインが年収１２０万円と言われていますので、年収154万円の非正規労働者の女性は年間ベースで30万円ほどしか上回っていないことになります。アベノミクスで生活状況が良くなっているのはごく一部にすぎず、大半の庶民の暮らしは苦しいままだというのが実感です。

私は1975年生まれで、北海道の滝川市の出身です。93年に18歳で故郷を出て上京し、以降は東京都内で生活しています。私の世代は現在40代半ばで「団塊ジュニア」と呼ばれていますが、団塊ジュニアも含め、20代～40代の期間が「失われた20年」とかぶっている世代は「ロスト・ジェネレーション」、略して「ロスジェネ」とも呼ばれています。最近では「人生再設計第一世代」などというとても失礼な呼ばれ方もしています。自分の親を見ても、20～40代の間に、就職したり、結婚したり、子育てをしたり、ローンを組んで家を建てたりしていますが、ロスジェネとは、その大切な人生の20年が失われたことにより、就職もできない、結婚もできない、もちろん持ち家などない人が多い世代という意味です。

ここに「就職氷河期世代」とも呼ばれる30代半ばから40代半ばの人たちが含まれますが、この世代が約1700万人いるとされ、そのうちの約400万人が非正規労働者もしくは無職です。安倍政権の打ち出している「人生再設計第一世代」に対する支援とは、このうちの約30万人を対象に3年程度で正社員化させるというものですが、一部の人しか支援対象にならないものですし、そもそもなぜもっと早く手当されてこなかったのかと、私自身は非常に忸怩たる思いを持っています。

結果から言えば、ロスジェネの苦境が20年放置されたことにより、非正規率や未婚率を押し上げ、出生率を低下させて少子・高齢化や人口減少をさらに加速させたので、かなり取り返しのつかない状況に至ってしまったという印象です。

今夏（2019年夏）、兵庫県宝塚市が就職氷河期世代への支援を目的として、この世代の人たちを対象に職員採用の募集を行ったところ、採用数3人の枠に北海道から沖縄まで1816人が応募し、倍率は600倍以上に上りました。標準的な地方公務員の求人に、全国からロスジェネの人たちが殺到するという状況は、バブル後の雇用の不安定化と非正規化に翻弄され続け、それゆえに何より「生活の安定」を重視するという価値観を持ったロスジェネの問題をあらためて象徴的に示す出来事であると感じました。

貧困問題への関心の薄れ、自己責任社会の強化

雨宮　私は2006年から貧困や格差、労働の問題を取材しています。2008年秋には、リーマンショックによる「派遣切り」の問題が発生し、その年の年末には日比谷公園に開設された「年越し派遣村」で、500人を超える人たちが極寒のテントで年を越すということがありました。この取り組みにより、戦後、高度経済成長の時代を経て、国内では無くなったと思われていた貧困が2000年代の日本社会にこれだけ広がっているという事実があらためて明らかにされました。この当時はまた、「ネットカフェ難民」などと呼ばれる、ネットカフェで寝泊まりをせざるを得ない人たちがすでに日本社会に大勢いるという実態も知られるようになり、日本社会に大きな衝撃をもって受け止められました。

しかし、貧困問題に対する日本社会の関心は、この「年越し派遣村」の行われた頃がピーク

で、あれから十数年経った現在では、ネットカフェ難民や、失業してホームレスになっている人を見ても、誰も驚かなくなっています。例えば東京都では、都内のネットカフェ難民の状況を調査し、都内だけで約4000人いると2018年1月に発表しましたが、この結果が特に世間から驚かれたという印象はありません。むしろ、グローバル化や新自由主義の中では、そのような状態になる人が出てくるのは世界的に起きていることなのだから仕方が無いことだ、貧困や失業者になるのは本人の自己責任だ、という受け止め方が広がっているように思います。日本に自己責任社会がより強固につくられてしまったというのが、この十数年、特にこの第二次安倍政権下の7年に対して私が持っている印象です。

一方、今年（2019年）は夏から秋にかけて台風による大きな被害が全国各地で相継ぎ、テレビのニュースなどでは「とにかく命を守る行動を最優先してください」という呼びかけが連日行われていましたが、こうしたなか、東京都台東区の避難所ではホームレスの人たちが避難所に入れてもらえないという事件が起きました。この十数年で、日本社会には現在も貧困が存在しているという事実があらためて認知され、問題に対する意識の高まりは確かに一方にはあるけれども、貧困者への偏見や差別は根強く残り、自己責任論によってより強化されているとさえ思います。

「命の選別」を許容する空気感の拡大に危機感

清末　雨宮さんのお話を聴いて、安倍政権の7年で進んだことの一つは、自己責任論などを背景に、労働者を文句を言えないような状態でポイ捨てにするという、いわば「棄民化」だと思いました。そうなると、被害を受けている側にも諦めムードが広がり、「命の選別」をされても仕方がないという状況を受け入れざるを得なくされているような感じがします。この点についてはいかがでしょうか。

雨宮　私の最新刊は、『この国の不寛容の果てに――相模原事件と私たちの時代』（大月書店、２０１９年９月）というタイトルです。相模原事件とは相模原市の知的障害者施設で２０１６年７月に発生した入所者等の大量殺傷事件で、これをテーマにした対談集です。この本の帯には「命の選別は〝しかたない〟のか？」と書かれています。

この3年ほどに起きている日本社会の変化として見えるのは、日本は少子・高齢化が進んで社会保障の財源を十分に確保できなくなっているから、命を選別してもしかたがないという、少し前までは禁句になっていたことが剥き出しになってきているということです。こうした空気感は、ちょうど相模原事件が発生した前後の時期から漂い始めたように感じます。事件を起こした植松被告は、この施設の元職員であり、「障害者は不幸をつくることしかできない」と言って19人を殺めました。

このほか、日本の自己責任社会化を表す事件・事象は多数起きています。例えば、相模原事件の2カ月後には、長谷川豊というアナウンサー（当時）が、「自業自得の人工透析患者なんて、全員実費負担にさせよ！　無理だと泣くならそのまま殺せ！」とブログに書き、炎上しました。また、２０１８年には、自民党所属の杉田水脈衆議がＬＧＢＴの人たちについて「生産性がない」という内容の原稿を書いて批判を受け、「生産性」という言葉が注目されました。２０１９年5月に、川崎市内で50代の引きこもりの男性が無差別大量殺人を起こし、その場で自殺するという事件が起きたときには、「一人で死ね」という言葉が日本中を席巻しました。

相模原事件が起きたときに私が最も恐ろしいと感じたのは、あの犯人がやったことは絶対に許されるものではないけれども、日本はこのままだと財源がもたないので、命を生産性で測っていかなければならないのではないか、という趣旨のことを言う人がいたことです。実際に自分の周りにもいましたし、それを善意で言う人もいました。

相模原事件の犯人である植松被告は現在獄中にいますが、面会に来た記者などに何を語っているかと言えば、日本の借金は莫大な額に上っているから、誰でも彼でも無責任に生かすようなことを続けていたら日本経済が破綻するとか、日本の財政難や将来への憂いを語っているそうです。そうした正義感や使命感の果てにやったのが大量殺人だったという、非常に恐ろしいねじれがここには見られます。

日本では、貧困の問題も財源を理由に黙らされてきた歴史があります。私はこの十数年、生活保護費削減反対のデモに参加していますが、その際には「人の命を財源で語るな」というプラカードを持っていきます。十数年前であれば「そのとおりだ」と言ってくれる人が少なからずいたのですが、この数年は嘲笑されたり、「財政が破綻したらどうするんだ」とか「非国民」「現実が見えてない」などと言われて馬鹿にされます。貧しい人も、障害のある人も、引きこもりの人も、皆等しく生きていく価値があるのだという考え方に対して、財源論を理由に批判されるようになっています。つまり、「生産性がない人を生かすほどの財政上の余力は今の日本にはない」という思考が社会に広く共有されてきており、それが他者への徹底した不寛容として現れていると思います。

このほか、最近見られる現象として、デモに参加して声をあげていると、「お前ら外国人だろ」と罵声を浴びせられること、児童相談所や保育所が新設されることへの反対運動が起きること、公務員や生活保護受給者を特権階級としてバッシングする風潮が障害者にも広がっていることなどが挙げられます。あわせて、「駅で女性にわざとぶつかってくる男」、「電車の中で、赤ちゃんの抱っこ紐のバックルをわざと外すいたずらの横行」という報道もありました。

これらの現象も、競争の中で追い詰められた人々が他者に示す不寛容の現れに見えます。誰もが「自分には生産性があり、生きる価値があるから、殺さないでくれ」というアピールを、365日24時間、全方向にプレゼンし続けなければ生きていけないかのような状況がつくられ、そうしたなかで他者に対する不寛容さが高まっているということです。これも新自由主義や自己責任論が極まった結果と見ており、さらにそれが貧困の拡大と同時進行していることに強い危機感を持っています。

清末　雨宮さんのお話を聴くと、「財源が無いなら、まずは増え続ける防衛費を何とかするべきだ」と言いたくなります。
もう一点コメントさせていただくと、私が絶対的だと信じている価値というか信念の一つは、「いかなる人であろうとも、生命の価値においては絶対的に平等だ」という考え方です。

雨宮　私は「無条件の生存の肯定」という言葉をスローガンに据えているのですが、現在はそれすら嘲笑されるときがあります。格差社会化が進行し、命に順列をつけることが普通になってしまったことが最も恐ろしいと感じています。

清末　日本社会が加速的に極めて差別的な社会になってしまったことを思い知らされつつ、生命は絶対的に平等だからこそ、憲法が示す13条の個人の尊重や24条2項の個人の尊厳が大切なのだとあらためて確信したところです。

「アベノミクス」・「働き方改革」の本質

清末　次に、長年にわたり女性労働者の人権問題に弁護士として専門的に取り組まれてこられた中野さんから、アベノミクスがどのような国家観に依拠しながら、何をめざして動いてきたのかといったことについてお話をうかがいたいと思います。

中野麻美　第二次安倍政権が始まった2013年からの私自身の動きを振り返ると、いわゆる「働き方改革」に関わる最初の法改革になるかと思いますが、労働者派遣法の抜本的な改正に取り組んでいました。この関係で私が国会に行って、国会議員の方々に諸々の要請をしたり、国会決議に向けた議論をしたりしていた当時は、いわゆる安保法制の問題をめぐって、平和を求める人たちが同法制の国会上程に対して抗議を行うなどの動きが活発になっていた時期に当たります。私も当時その中にいたのですが、国会に行くときには労働者派遣法改正のことがメインになっており、衆参両院での１００を超える決議の内容を指針の中にどのように盛り込んでいくか、といったことについて一生懸命考えていました。２０１５年9月に安保法制が強行採決されたとき、この問題で自分は何をしてきたのだろうかという思いにかられました。そして、強行採決の後とはいえ、何か法律家としてできることをするべきではないかと考え、安保法制違憲訴訟を起こすことにし、女性だけで同訴訟を起こしています。

アベノミクスには「3本の矢」と呼ばれる施策の柱（①「大胆な金融政策」、②「機動的な財政政策」、③「民間投資を喚起する成長戦略」）があり、それを貫く横串が「働き方改革」であるとされています。先ほどの雨宮さんのお話を聴いていて、ここでまず言わなければいけないなと思ったのは、アベノミクス・働き方改革が次にめざすものについてです。次にめざすのは、「第4次産業革命」、「生産性向上革命」、「人づくり革命」です。皆さんはどう思われますか。

安倍政権の進める「働き方改革」とは一体何なのか。それは一言で言えば、人間と労働を国家と経済の道具にすることです。

国家と経済の本来の目的は人間を幸せにすることです。安全保障の目的も同様ですが、安倍政権がめざそうとしているのは国家の安全保障であり、それは私たちがめざしている人間の安全保障とは全くの別物です。人間の安全保障のめざす方向性は、戦時と平時の区別なく、ジェンダーの観点から性に基づく暴力を根絶していくこと、また、貧困を根絶していくことであり、その意味で積極的平和主義と言われます。つまり、日本国憲法の前文と9条に掲げられている理念こそ国際社会の主流になっています。

そうした国際社会の流れの中にありながら、安倍政権では、人間と労働を国家と経済の道具にしようとするアベノミクスを進め、集団的自衛権の行使を容認する安保法制を強行採決しました。アベノミクスと安保法制は、前者は経済政策、後者は軍事政策ですが、分野は違っても別々のものではなく一体のものです。

安倍首相は2015年9月30日、安保法制の強行採決から2週間も経っていない日ですが、国連総会に出席し、「安保理決議1325号に基づく国別行動計画を策定した」と高らかに宣言しました。同計画策定の背景には元々、常任理事国入りをしたいという野望がありますが、それはさておき、この行動計画では「慰安婦問題」、「沖縄における駐留米軍の性暴力の根絶」、「ヘイトスピーチ」という3つの課題を勝手に削除して、国連で公表したという経緯があります。その後の記者会見で、難民問題をどう捉えるか聞かれるのは当然で、それに対して安倍首相は、「難民受け入れは、人口問題として申し上げれば、我々は移民を受け入れる前にやるべきことがある。それは女性や高齢者の活躍であり、出生率を上げるにはまだまだ打つ手がある」と答えています。難民の受け入れ問題を人口問題として捉えていること自体が大きな見当違いだと思いますが、私はこの発言を耳にしたとき、アベノミクスの本質を理解しました。戦争を推進するということは人間を国家の道具として扱うことですが、そのような体制と全く同じように、アベノミクスは人間を経済の道具にするものだということです。

安倍政権が憲法改正を掲げる意味

中野　新自由主義的な競争社会の中にあっては、個人はそれぞれに過酷な状況を強いられ、一人ひとりがその状況を克服していかなければなりません。そのために必要なものとして安倍政権が挙げているのが、復古主義的な国家主義であり、家父長制的な体制による人々の統合です。それを実行するのに現行憲法は邪魔です。

アベノミクスは非常に矛盾に満ちているものと思います。学問的にもそう言われていますし、統計上もまったく成功もしていません。さらにその結果として、現下の屈辱や分断、貧困があります。しかし、このような状況にありながら、それでも安倍政権への支持率が下がらないのは、耳障りの良い言葉を並べて実態を隠しつつ、憲法改正というキーワードを前面に据えることで矛盾を整合性へと転換していると思われるからです。不整合に見えるアベノミクスを整合的に理解させるキーワードは、「強い国家と経済」、「軍事化」、「政治的統合」、「憲法改正」です。

私が安倍首相の発言で最も腹立たしかったのは、あるインターネットの番組の中で述べた、「自分たちが専制や隷従、圧迫と偏狭をなくそうと考えているわけではない。いじましいんですね。みっともない憲法ですよ」という憲法前文に対する発言です。

このような潮流が私たちの労働、職場、企業を支配するようになったときに一体何が起きるのかを考えなければならない、そんな時代になってしまったと思います。

（参考）日本国憲法　前文

日本国民は、正当に選挙された国会における代表者を通じて行動し、われらとわれらの子孫のために、諸国民との協和による成果と、わが国全土にわたつて自由のもたらす恵沢を確保し、政府の行為によつて再び戦争の惨禍が起ることのないやうにすることを決意し、ここに主権が国民に存することを宣言し、この憲法を確定する。そもそも国政は、国民の厳粛な信託によるものであつて、その権威は国民に由来し、その権力は国民の代表者がこれを行使し、その福利は国民がこれを享受する。これは人類普遍の原理であり、この憲法は、かかる原理に基くものである。われらは、これに反する一切の憲法、法令及び詔勅を排除する。

日本国民は、恒久の平和を念願し、人間相互の関係を支配する崇高な理想を深く自覚するのであつて、平和を愛する諸国民の公正と信義に信頼して、われらの安全と生存を保持しようと決意した。われらは、平和を維持し、専制と隷従、圧迫と偏狭を地上から永遠に除去しようと努めてゐる国際社会において、名誉ある地位を占めたいと思ふ。われらは、全世界の国民が、ひとしく恐怖と欠乏から免かれ、平和のうちに生存する権利を有することを確認する。

われらは、いづれの国家も、自国のことのみに専念して他国を無視してはならないのであつて、政治道徳の法則は、普遍的なものであり、この法則に従ふことは、自国の主権を維持し、他国と対等関係に立たうとする各国の責務であると信ずる。

日本国民は、国家の名誉にかけ、全力をあげてこの崇高な理想と目的を達成することを誓ふ。

戦前レジームの継続とアベノミクスの向かう先

中野　この日本という国は植民地主義や侵略主義を徹底的に総括してきてはいないと私は思っています。平和や人権という文言を憲法に書き込んだけれども、先ほど雨宮さんが語ったような事態も含め、ヘイトスピーチが今も無くならないのは、徹底した過去の総括がなされてこなかった結果だと思われ、たいへん心苦しく捉えています。

戦前のレジームが戦後に文化的にも社会システムとしても引き継がれていること、そして、それが特に企業の中に引き継がれているという事実と私たちは向き合わなければならないと思います。アベノミクスの問題性について考えるには、それが何に根差し、その上で何を進めようとしているのかの視点を持つことが重要だと考えています。その要点を以下のように整理してみました。

まず、戦争が差別と暴力の究極の形態ということからすると、産業社会の中に差別や暴力を許していることにはどのような意味があるのかを考えなければなりません。また、戦争の土壌になる、政治的・市民的自由の封殺、家父長制の強化、軍事化は、今まさに安倍政権下で進行させられているところです。

また、戦時体制の究極の姿は人間を道具化することであり、人間を序列化していきます。戦時体制を意識しようがしまいが、この産業社会は産む性を管理し始めるものであり、先ほど雨宮さんから「命の選別」というお話があったように、すでにそのような時代に入っています。

そうしたなかで国家はどうなっていくかと言えば、時として暴力をふるいながら、人々に最も効率的に自粛を求め、行動しないようにします。これはＤＶ（ドメスティック・バイオレンス）加害者に見られる行動パターンですが、そういう支配の道具としての暴力を国家権力がふるうようになる、いわば「ＤＶ国家」化するということです。

ジェンダーの視点に立てば、女性は戦争が終わった後も、男性中心の企業社会の中で差別や暴力を受け続けてきました。２０１８年春、テレビ朝日の女性記者が財務省の事務次官からセクハラ被害を受けたと告発しましたが、記者が女性である場合、権力から受けている性暴力は暗数も含め相当数あるはずです。これは報道の自由や表現の自由の抑圧という重大な問題につながる暴力と捉えるべきですが、被害者が女性の場合は単なる性暴力の問題に矮小化されるのかと、この間の動きを見て本当に悔しい思いをしています。

本当の働き方改革のために必要なこと

中野　戦前の軍国主義教育の内容を見ると、非常に無責任な体制の中で仕事をしていることがわかりますが、尋常小学校を出て軍隊に入隊させられ、軍隊教育で全ての人間教育を完結させるという体制がとられていた頃、日本の軍事教育は人々に自我を捨てて国家の道具になることを教え込みました。そのことの総括がどれだけ行われたかが問題ですが、いずれにせよ、事実としては、戦争から帰ってきた兵士たちが戦後の日本経済を担い、企業社会をつくりあげていきました。そのようにして形成された日本型雇用慣行とは、軍事教育に起源を持つ、男性中心の家父長主義的な影響を受けたシステムであったと思います。

その一方で、最高裁はそれを承認するという意味で、憲法を企業の中に立ち入れなくさせる法理論をつくってきました。例えば、あらゆる配転命令に応じない社員は解雇しても構わない、採用時における思想・信条の調査は企業の秩序を守るために合理的なものであれば構わない、といったことです。こうした法理論により、企業は憲法による規制から免罪されてきました。

このような体制を変えていくことこそ、本当の意味での働き方改革と呼ぶべきものになると思います。これにより、労働が、あらゆる人にとって生きるためのもの、誇りに満ちた自分を保障するものになるはずです。そのためには、戦前から戦後に引き継がれた企業社会のレジームを変えなければいけないはずなのですが、安倍政権がこの間進めてきたアベノミクスや働き方改革はこうした部分にはまったく切り込んでいません。そうした安倍政権の施策が日本社会をどのような方向に導いていくかは明白ではないかと思われるので、社会構造をどう変えていくかの議論が必要です。

清末　私は今、手のひらにたくさんの汗をかいてしまっています。中野さんの説得力のある話を熱心に聴いていたからです。

「1億総活躍」の真意は「総動員」

清末　雨宮さんと中野さんのお話を聴いて、多くのことが共通していると感じました。

一つは、日本国憲法のもとにありながら、戦後の日本社会では、軍国主義や植民地主義への十分な反省がなかったために、軍事化と密接な関係がある家父長制が企業内や家庭内で温存されてきたというご指摘です。雨宮さんのお話では、生産性を基準として、それが無いとされた人々を切り捨てていくような風潮が現在蔓延し始めているとのことでしたが、その元凶は戦前から引き継がれた価値観であるように感じました。つまるところ、生産性とは、正に軍事組織の中で見られる非常にマッチョな思考であるからです。

これを踏まえて考えると、私が冒頭でお話しした「女性の活躍推進」政策の本質は、家父長制的な縦社会の秩序に適合する女性たちを組み入れ、国に貢献することを求めるということであり、非常に差別的な政策だと考えます。この点について中野さんから補足していただけないでしょうか。

中野　「1億総活躍」というキャッチフレーズが使われていますが、この「活躍」は「動員」と置き換えた方が安倍政権の政策の本質がはっきりすると思います。「1億総動員」はいつか来た道です。「活躍」という言葉には、本来は人間を国家の道具にしないというニュアンスがあるはずなのですが、本来は「人間の安全保障」を意味する「積極的平和主義」も「集団的自衛権の行使」、さらなる軍事化の意味で使うような政権ですから、「活躍」も言葉巧みに真逆の意味に使われています。

「1億総活躍」は、「サラリーマンの活躍」、「高齢者の活躍」、「女性の活躍」というキーワードで組み立てられています。これらについて、川柳とまでは行きませんが、私なりに言い換えてみました。

・高齢者は、年金給付受けないで、筋トレやって、低賃金で活躍
・女性は、2人以上子ども産んで、4人以上産んだら表彰されて、低賃金で活躍
・サラリーマンは、企業の自由に競争と選別の道具にされて、低賃金で活躍

これらが「活躍」の本質であると思います。果たしてこれでいいのでしょうか。日本は現在、先進国と言われる国々の中で、一人ひとりの幸せの指数は最下位です。男女平等指数（世界経済フォーラム「ジェンダー・ギャップ指数2018」）は149カ国のなかで110位で、中東諸国などと肩を並べる水準です。この体制を変えるためには、平和の推進、家父長主義からの脱却が求められると思います。

清末　改憲に向けた議論が進められているなかで、「活躍」という言葉からもう一つ考えなくてはならないことがあります。それは自衛隊についてです。安倍首相は、自衛隊はこれだけ「活躍」しているのだから、憲法の中に明記するのは当然だ、といったことをよく言います。こうした主張と先ほどの雨宮さんや中野さんのお話を合わせて考えるなら、全国民に「活躍」を求めるということは、国家に忠実であることに加え、究極的には国家のために死ぬことすら意味するのだとあらためて理解できました。

雨宮　2019年7月の参院選の選挙期間中、札幌市で、安倍首相の演説中にヤジを飛ばしただけで、道警の警官により排除されるという事件が起きたときには、中野さんの言う「DV

国家」の極みだと思いました。また、同年8月に始まった「あいちトリエンナーレ」では企画の一つが開催中止に追い込まれましたが、ここには国が気に入ったものにしか発言権がないのだという権力の意思を感じました。これらの事件を見ながら、安倍政権がめざしてきたものの「終わりの始まり」を見た気がしました。

こうした状況下、非常に恐ろしいのは、私自身も含めて、社会や政治に反対の声をあげることがいずれ病理や人格障害などの扱いを受けて、表現や発言の自由が奪われるのではないかということです。そのような恐怖感をこの1年はリアルに感じるようになっています。

国民の苦しい生活実態、声をあげ始めた若者たち

清末　次に、雨宮さんから、運動の現場で今、何が起きているのかご紹介ください。

雨宮　「AEQUITAS（エキタス）」という市民団体が2015年に行った、最低賃金1500円を求めるデモでのスピーチをご紹介します。

この前、弟から電話がかかってきた。
「姉さん、自衛隊の一次試験に受かったけん、次も受かるかもしれん。タダで国家資格も取れるし大学に行ける」
って電話がかかってきた。

私はせっかく大学に行ったのに、本さえロクに読んだ記憶がない。
ずっとバイトして、寝てた。
周りの人は週7スナック、トリプルワーク、
もっと、もーっと働いても一限に出てた。部活もやってた。
自分はなんて甘えてるんだろうって責めて、将来設計なんてできもしない。
自分が嫌になってばっかりだ。
就職したって手取り14万じゃ、奨学金返して、好きな人や友達ともいられない。
子どももなんて育てられないよ。
そんなの見ていた弟は、大学行くのに教育ローンと奨学金で1千万超えるか、
それとも自衛隊で大学行くか、そりゃ迷うよ。
ねえ、なんで選択肢に社会保障制度や労働組合がないんですか。
誰も何にも教えてくれないくせに、知りもしないくせに、
「おまえより大変な人はいる」、
「自分も苦労したけどなんとかなった」、
「社会のせいにするな」、
「そんなことばっかりして趣味ないの」、
「もっと人生経験積んだら考え方も変わるよ」、
そんなこと言われたって、おなかいっぱいになんかならねえんだよ。
あとどれくらいかわいそうなら、あとどんな経験すれば満足なんだよ。

具体的な使える制度を、方法を教えてくれよ。
頼り方を教えてくれよ。
私よりかわいそうな人がいたらなんなんですか。
昔にくらべればマシですか。
それであなたは幸せになれるんですか。
あなたの大切な誰かは何かを救えるんですか。
不幸比べも我慢大会ももういい加減終わりにしませんか。
もう十分だろ。
おかしいことはおかしいって言っていいだろ。
おにぎりが食べたいって言って餓死する人のいる社会が、
過労死するまで働くか自殺するしかない社会が、
仕方ないわけないだろ。
人が死んで電車が止まって舌打ちするだけのくせに
仕方ないなんて簡単に言わないでよ。

エキタス（aequitas）は「正義」や「公正」を意味するラテン語だそうです。彼らは最低賃金1500円を求める活動を2015年の結成以来ずっと続けています。ご紹介したデモ映像では、非正規の不安定雇用や、奨学金の負担の大きさなど、今の若い人を取り巻く生きづらい、働きづらい生活の実態を具体的に語っています。こういうことを当事者が自分たちの問題として積極的に声をあげるというのが最近の運動の特徴です。

このほか、奨学金や学費の問題などを積極的に取り上げている「高等教育無償化プロジェクトFREE」という団体では、大学生や高校生の当事者たちが積極的に街宣活動を行っています。これらの活動のために、生活費の額やバイトの数など、アンケートなどを通して若い人たちの生活実態に関わる様々な細かいデータを収集しています。

私たち団塊ジュニアの世代もバブル直後の世代は、自分たちの生活が苦しいと言うこと自体に恥ずかしさがありましたが、今の20代の人たちは、自分たちの生活が苦しいから何とかしようということを積極的に発信し、それがメインテーマとなって語り合えるようになっています。そのように話し合えること自体は良いことだと思いますが、若い人たちを取り巻く状況がそれだけ切迫しているとも言えます。

清末　デモの演説を聴いて、その中で訴えられていた内容は、安倍首相が「いじましい」、「みっともない」と言った、憲法前文の「専制と隷従、圧迫と偏狭を地上から永遠に除去しようと努めている」の部分に向けられたものであると理解しました。それは安倍政権が向かってきた方向とは全く違うところにある、人々のリアルな生活実態に根差した訴えです。

前文の「専制と隷従、圧迫と偏狭を地上から永遠に除去しようと努めている」という部分は、けっしていじましいものでも、みっともないものではなく、正にそれを心の底から希求しなければならない状況が私たちの足下にも広がっていきていることに気づくことが必要です。私は活動や研究のために、多数のアフガン難民が住むパキスタン、イスラエルの占領下にあるパレスチナ、そして長年の戦乱が続いているアフガニスタン等を訪問してきました。これらの国々や地域では、前文で明記されていることを心の底から欲している人たちがいます。その意味でも、安倍首相の憲法前文に対する発言は、憲法の理念を歪め、個人の人格を踏みにじる行為に等しいものだとあらためて理解したところです。

超便利グッズとしての憲法の使い方

清末　雨宮さんにもう一つうかがいたいのは、私たちの権利を保障している憲法を活用して何ができるのかということです。そもそも現時点で、憲法に基づいて何ができていなければならないのでしょうか。その点についてお話しください。

雨宮　先ほどもお話ししたとおり、この数年は、「人の命を財源で語るな」とか「命は平等だ」という主張がことごとく無視されたり、嘲笑されたり、「そんなきれいごとを言ったって、現実はこんなに厳しいんだ」と言われて黙らされる状況があり、「きれいごとを言っている奴らは信用できない」という空気も強まっています。人の命を選別せずに際限なくお金を費やすほどの財政上の余裕はないという本音が剥き出しになったのが相模原事件ですし、事件自体を肯定するようなことはさすがにないにしても、そうした犯人の考え方に一定のシンパシーを持つような雰囲気が日本中に広がっています。こうした状況に対抗できるのは「まともなきれいごと」しかありませんので、これを復権させ、実現させていくほかないと思います。そのための防波堤になるのが憲法に他なりません。

十数年もの間、貧困問題に関わってきた立場から言えば、「超便利グッズとしての憲法」といいますか、憲法25条の保障する生存権に基づいて生活保護を申請し、人の命が助かるという場面を私はこれまで何度も見てきています。申請への同行も経験していますが、そこで出会った当事者は、その時点では住む場所も無く、手持ちのお金も底を尽いているような極限の状況にあり、彼らの口から「今日自殺しようと思っていた」という言葉は何度も聞いています。そういう状況の人がセーフティネットに引っかかって命が助かり、その後、就職したりすると、本当に良かったと思います。

私は数年前に、風俗産業で働いて何とか食いつないでいたがホームレスになってしまったという女性を支援し、生活保護の申請・受給へとつないだことがあったのですが、この女性から1年ほど前にメールで連絡があり、そこには「あの時、生活保護を受けて生活を立て直すことができたおかげで、その後結婚し、昨日出産しました」と書いてありました。これは私自身ととても嬉しいことでした。

こうしたことができるのは憲法25条があるおかげなのですが、当事者にそう言うと、「学校の授業で習ってつまらないだけだった憲法がそんなに役に立つとは思わなかった」と言われます。憲法は実際に自分で使うことによって、その有用性が実感できるものです。

清末　私は大学で憲法やその関連科目の授業を担当しています。これらの授業を通して、学生の悩みや関心が見えてくるときがあります。

大学では一つの授業期間が終わるごとに、授業に関する学生アンケートを実施し、授業に関する感想や改善点などを問います。今年度（２０１９年度）前期の私の担当授業の一つである「基本的人権論」のアンケートによる評価がいつもよりかなりよかったので、驚きました。おそらく、憲法を活用した自らの身の守り方などを焦点にして、ゲストスピーカーを呼ぶなどの工夫をしたことが奏功したのではないかと思っています。学生の関心が最も高いテーマは奨学金問題です。彼らにとっては大学卒業後にすぐに対応しなければならないリアルな問題だからです。

雨宮　今のお話を聴きながら思い出したのですが、私が日本国憲法とどのように出会ったかという話です。

私は22歳から24歳まで、フリーター生活の貧しさから世を恨んで、右翼団体に所属していた時期があります。今の右傾化の第一世代と言えるかもしれません。当時は右翼も左翼もわかりませんでしたが、ただ、世の中のひどさや自分の生きづらさの原因を知りたくて、社会に対して怒っているところに行って話を聞けば、自分の疑問に答えてくれるのではないかと思ったのがきっかけです。最初は左翼団体の集会に行ったのですが、専門用語ばかりで何を言っているのかまったく理解できず（笑）、次に右翼団体の集会に行ったら、「悪いのは全部アメリカと戦後民主主義で、おまえたちはちっとも悪くない」といきなり全肯定されました。それまで自分の生きづらさは自分の責任であると思っていた私は、自分を全肯定されたことで右翼団体に入会しました。

2年間所属したこの右翼団体を辞めたきっかけは、実は日本国憲法でした。あるとき、合宿で日本国憲法をテーマにディベートをするという企画があり、そこで私は初めて日本国憲法の前文と条文を読んだのですが、右翼のくせに前文にうっかり感動してしまいました。この団体は日本を堕落させた元凶が日本国憲法であり、だから改憲が必要だという主張をしていたのですが、前文にはスケールの大きな理念が書かれていることをこのとき知りました。そのこともきっかけになり、その団体を退会したという経緯がありました。

近年はネトウヨなどが大きな社会問題になっていますが、そっちを経由して憲法の価値に気づくこともあり得ます。憲法で思想・信条の自由が保障されているからこそ、こうしたこともあり得るのだと思います。

憲法は社会で共有し育てるもの

清末　奨学金問題に加え、この数年、学生の関心が高いテーマは憲法25条の生存権の問題です。日本では生存権が保障されているので、餓死することはないはずなのですが、先ほどのデモの演説の中でも触れられていたように、実際には餓死者が出ています。

私が年に一度のペースで訪問するパレスチナのガザ地区には25条のような規定はないと思いますが、イスラエルの残酷な封鎖政策により困窮極める生活を強いられている中で、餓死者が出ているという話は聞いたことがありません。約75~85%の人たちが貧困ライン以下の生活を送っていると言われているのに餓死者が出ないのは、国連パレスチナ難民救済事業機関やその他の国際機関などによる援助があることに加え、ガザというところが他者に寛容な社会であること、つまりコミュニティの中に相互に助け合う精神が生きているからだと思います。

私は日本をそういう社会にしていきたいし、憲法25条に基づいて全ての人々に平等に社会保障が行き渡る社会をめざしたいと思っています。中野さん、この点はいかがでしょうか。


中野　私はかつて、結核病棟の入院者が起こした生存権に関する訴訟に触れて、弁護士という仕事について考えさせられたことがありました。自ら声をあげる訴訟の当事者の後に付いて、当事者から学び、その声と要求を司法の場面を通じて実現できるように自らを鍛え、進むことを使命とするものだと教えられました。この生存権訴訟を支えたのは、総評（日本労働組合総評議会）であり、合い言葉は「貧しいことは恥ずかしいことではない。人間として恥ずかしいことは、貧しさに追いやっている社会の構造を知ろうとしないこと、知ってそれに挑もうとしないことだ」でした。これを座右の銘としてきたつもりです。

私は、憲法というものは、紙に書いてあるだけでは「絵に描いた餅」なのだと思います。憲法に書かれている権利とは、一人ひとりが闘い、勝ち取っていくものです。実際に闘って権利を勝ち取ってきた人たちは、その権利が崩されそうになると、敏感に危険を察知します。そのような権利の大切さを、実際に勝ち取った人だけでなく、広く共有できる社会にしないと、憲法を育てていくことはできないと思います。

平和も同じではないでしょうか。私は先ほど「人間の安全保障」という言葉を使いましたが、これをつくり出してきたのは、戦時下で性暴力を受け、屈辱的な思いをしながら、それでも生き抜いてきた女性たちです。彼女らが自らの権利を守るために手を取り合って闘い、「人間の安全保障」をめざさなければならないとする現下の国際社会の流れをつくってきました。その中で日本の女性たちが果たしてきた役割は非常に大きかったと思います。そういう女性たちと知り合えて、何らかのかたちで私自身が学ぶことができることを非常に誇りに思っています。

平和や人権・権利は、私たち自身が勝ち取っていくものだというのが私の実感です。そして、平和も人権も、実体化していなければ、失われたときにも失ったという実感を持てません。今の日本社会に必要なことは、私たちが置かれている現実から目を背けず、事実をしっかりと見て、死者の声にも耳を傾けることです。戦争によって犠牲になった人々が遺したものを少しでもつかみ取って、私たち自身が未来に生かしていくほかないと思います。

護憲という取り組みは、死者の言葉から私たちが何を引き継ぐかを含めて問題提起をしているのだと、最近はつくづく思います。そして、私たちはこの時代をこう生きたということを歴史に残さなければならないと思います。憲法は改正されてはならないという立場を貫くために、自分たちがどう闘ったかということを、次の世代に向かって、誇りあるものとして伝えていきたいと思っています。それが原動力になると思います。

「個人の尊厳」を支える「自由」の大切さ

清末　中野さんの「死者の言葉から何を引き継ぐか」という言葉を聴き、日本国憲法、とりわけその前文が私たちに求めてきたのが「人間性の回復」であることを想起しました。中野さんは先ほど、この国は大日本帝国時代の植民地主義や軍国主義への反省をしてこなかったとおっしゃいましたが、日本国憲法前文は私たちにその反省の上に立った人間性の回復を求めてきたのではないでしょうか。この回復が無ければ、憲法24条2項で言及されているような、「個人の尊厳」を回復することも、手にすることもできないと私は思います。

この「個人の尊厳」という点に関して、もう少し中野さんからコメントをいただきたいと思います。

中野　一人ひとりが自らをかけがえのない存在であると自覚することは、自分と同じように他人を尊重できるか、すなわち、「平等」という価値の尊重につながりますが、本当に難しいことだと思います。自分自身を振り返ってみても、緊張の中で多忙な生活を送っているなかでは、なかなか人に優しくできるものではありません。「個人の尊厳」という考え方を自分自身に身につけ維持していくことは、自分自身との永遠のたたかいであると感じています。「自由」も同様で、自分自身が国家の道具ではなく、自らが主体となって社会で振る舞うには何が必要かと言えば、皆と手をつなぐことも重要ですが、まずは自分自身に「自由」があるかどうかが問われてくるのであり、その前提は「平和」です。そう考えると、「平和」は人々に「自由」を保障するだけでなく、すべての人々が「平等」に尊重される前提でもあり、これらは不即不離の関係にあると思います。その意味で日本国憲法の９条と14条と24条は正に不可分の関係にあると捉えています。

このうち「自由」に関してさらに言うと、働き方を変えるというときには、労働時間の短縮はメインのテーマになります。労働時間はどれほど自分が自由であるかを測るメルクマールであり、長時間労働で過労死の危険があるほど働いている人は「自由」とは言えません。そして、この「自由」を獲得できなければ、他人に優しくできないので、「平等」もありません。この「自由」を獲得するために必要な時間の中では、自分を大事にできるということだけでなく、同じ人間として他人と手をつなぐことができることも必要です。そのための時間とは、政治的・市民的な自由のための時間です。これが今の日本の労働者に保障されているかどうかが、労働時間をめぐる最も重要な焦点であると思います。その意味で、1日8時間労働制では不十分であり、日本の労働運動は、短縮目標を1日6時間・週30時間に目標を定め、運動を展開していかないと、日本の社会はこの先危ういと思います。

経済的不平等は社会関係資本を破壊するということはすでに国際的に確認されていることです。社会関係資本の破壊とは、人と人が手をつなげなくなるということです。先ほどの雨宮さんのお話にあったようなかたちで、人々がお互いに攻撃し合うようになり、地域が危機的な状況に陥るということです。それが経済的な不平等とつながっているということが指摘されています。

近年、ハラスメントの防止が産業社会で中心的なテーマになっています。私が最も言いたいのは、このことが持つ意味を、きちんと平和との関係で捉えてもらいたいということです。つまり、皆が平等で、一人ひとりがかけがえのない価値を持っているということを尊重するというのは、差別も暴力もない社会をめざすことであり、それは戦争を根絶していくという平和の課題につながります。それをなぜ企業に義務づけるのかと言えば、職場が最も平和を追求するのに適した合理的な機会・場所だからです。そのことをきちんと意識して運動を進めているか、労働組合には問いたいところです。

「自由」に関連して、マグダ・オランデール=ラフォン（Magda Hollander-Lafon）というユダヤ人の作家の書いた『四つの小さなパン切れ』（高橋啓訳、みすず書房、２０１３年）という本をご紹介します。

著者のマグダは、16歳のときにナチスの強制収容所に送られています。そこに向かう列車の中で、母と妹とともに、ぎゅうぎゅう詰めになりながら立っていると、隣に座っていた御夫人がパンを美味しそうに食べている光景を見ました。その光景をずっと眺めていると、その御夫人はパンを4つに切り分けて、3人にくれました。マグダはそのときの優しさ、人間としての連帯が深く心に刻まれたそうです。

この本の中に、自由の本質について書かれた箇所があります。人間として尊重されること、平和、自由とは何なのか、ここから教えられます。

「あくまでも自分に忠実でいてください。他人の期待に応えようとして、あるいは、人から愛されなくなることを恐れて、自分を捨ててはいけません。あなたたちにお勧めするのは、外からの影響に抵抗し、自分の情報源を選ぶことです。人が真実と語ることをすべて鵜呑みにしてはいけません。あなたがとても受け容れられない、人間的に正しくないと感じる状況に直面したときは、自分を信じて行動しなさい。しっかりと見分けて選び、自分で選択したことに責任を持てるようにすることです。無関心と無知を連帯に換えるのです。そして、無関心と無知は、私に言わせれば、人間性の死です」

ここに書かれていることは日本国憲法の神髄ではないでしょうか。それを私たち自身が獲得するというところに最も大きな課題があるように思います。

非武装・非暴力の社会をめざして

清末　終了時間が迫っていますので、そろそろ、まとめに入っていきたいと思います。

私は、「個人の尊厳と両性の本質的平等」などを謳う憲法24条を、憲法原理の一つである「平和主義」の観点から分析することを研究テーマに据えています。憲法の平和主義を考えるときには、24条と9条を大きな柱の両輪にしながら、それに加えて、「個人の尊重」を謳う13条、「法の下の平等」を謳う14条1項、「生存権」保障の25条を総合的に捉え、それらすべてを合わせた先に、「非軍事・非暴力の、人間の連帯に基づく社会」をつくることができるのではないかと考えています。

しかし現実には、日本国憲法のもとで戦後70年以上を経過しながらも、私たちはまだその域にけっして到達しておらず、憲法の理念が全く実現されていないような社会に生きています。その意味で、憲法改正を議論する以前の問題として、憲法の条文に書かれていることをしっかりと生かすことで、この社会を変えていくことが喫緊の課題だろうと思います。

本日は労働組合の関係者のみなさんが多数参加されています。あらゆる形態の暴力が存在しない非暴力的な社会をつくる上で、労働組合としてどういうことが必要なのか、中野さんからお話しいただければと思います。

（参考）日本国憲法第９条・第13条・第14条・第24条・第25条

第９条　日本国民は、正義と秩序を基調とする国際平和を誠実に希求し、国権の発動たる戦争と、武力による威嚇又は武力の行使は、国際紛争を解決する手段としては、永久にこれを放棄する。

２　前項の目的を達するため、陸海空軍その他の戦力は、これを保持しない。国の交戦権は、これを認めない。

第13条　すべて国民は、個人として尊重される。生命、自由及び幸福追求に対する国民の権利については、公共の福祉に反しない限り、立法その他の国政の上で、最大の尊重を必要とする。

第14条　すべて国民は、法の下に平等であつて、人種、信条、性別、社会的身分又は門地により、政治的、経済的又は社会的関係において、差別されない。

２項・３項　略

第24条　婚姻は、両性の合意のみに基いて成立し、夫婦が同等の権利を有することを基本として、相互の協力により、維持されなければならない。

２　配偶者の選択、財産権、相続、住居の選定、離婚並びに婚姻及び家族に関するその他の事項に関しては、法律は、個人の尊厳と両性の本質的平等に立脚して、制定されなければならない。

第25条　すべて国民は、健康で文化的な最低限度の生活を営む権利を有する。

2　国は、すべての生活部面について、社会福祉、社会保障及び公衆衛生の向上及び増進に努めなければならない。

中野　家庭や地域にはいろいろな考え方や利害の人たちがいるため、最も難しい人間の衝突、差別や暴力が起きる領域であるとされます。これに比べれば、産業社会あるいは人々が働く職場は合理的なものだと考えられます。各企業の合理的な目的によって財産と人が結びつけられているからです。その産業社会で差別や暴力を無くしていくことは、平和の礎になります。

今年（２０１９年）６月21日、ＩＬＯ（国際労働機関）で「ＩＬＯ第１９０号条約」（47～57頁に収録）が採択されました。正式な条約名は「仕事の世界における暴力及びハラスメントの撤廃に関する条約」です。ＤＶの被害を受けた労働者を企業が守らなければならないとするなど、雇用する労働者に限らず、かなり広範囲な企業の関係先の労働者も含め、暴力の根絶の対象になっています。この条約の批准が国際社会の重要な課題になっており、日本もその例外ではありません。

この問題は、平和のために非常に重要なことだと私は思っています。ＩＬＯが作成した『バイオレンス・アット・ワーク（Violence at work）』という本があり、これに目を通すと、暴力の根絶にかけるＩＬＯ事務局の平和への思いがはっきりと伝わってきます。これこそ日本国憲法の精神であると思いますので、このような文化を日本の社会の中に定着させていく必要があると思います。そのためには、平和を単なる概念としてではなく、私たちの生活の場での具体的な実践が必要です。例えば、家庭では家庭内の暴力を根絶し、職場では企業が全体として暴力の問題に向き合い、経済はその主体である人間のためにあるものだということを確立し、それぞれにおいて平和への礎を築いていくということです。平和への取り組みを実践する産業社会においては、労使は重要な構成要素だと思います。

清末　中野さんが先ほどご紹介された本の中に、人間の連帯の大切さについての提起があったかと思います。雨宮さんがこの間かかわられてきた活動はどれも人間の連帯を求めるものだと思いますが、雨宮さん、この点はいかがでしょうか。

雨宮　本日は性暴力に関するお話が出ましたが、これに関連して言うと、今年（２０１９年）4月以降、全国各地で「フラワーデモ」を開催する動きが広がっています。毎月11日に行われる、性暴力の根絶を趣旨としたデモで、この11月11日にも北海道から沖縄まで全国20カ所ほどで行われるそうです。スペイン・バルセロナでも行われると聞いています。

フラワーデモが始まったきっかけは、今年（２０１９年）3月に4件の性暴力事件（うち2件は実の父親による未成年の娘への性暴力事件）で無罪の判決が続いたことです。これがあまりにもおかしいということで、最初は東京駅で始まった小さな取り組みだったのが、あっという間に全国に広がりました。そこは参加者が自らの被害体験を語り合う場になっていて、ここなら安心して語り合えるという、そういう空気が奇跡的に成立しています。男性も参加し、自分の受けた被害を語っています。今はいろいろなところで絶望的な状況が見られますが、女性たちが草の根で始めたこの取り組みは大きな希望だと思っています。

私は明日も、東京の高円寺という地域で、ここが再開発されようとしているので、これに反対するデモに参加します。高円寺は、平日昼間からどれだけ泥酔しても文句を言われないまちという感じで、まち全体が巨大な居酒屋のようなところです。家賃の安いアパートも多数あって、独特な文化を形成しています。ここが再開発されてしまったら、今ある地域の文化が失われ、今住んでいる人たちの多くは追い出されてしまうでしょう。地域において住民が自らの自由とライフスタイルを守ることを目的としたこのような運動も良いなと思っています。

清末　お二人ともありがとうございました。ここで終了の時間が来ましたので、私の方で最後のまとめをさせていただきたいと思います。

第25回参議院議員選挙（２０１９年7月21日投開票）以降の安倍自民党による改憲の動きの中で、私が恐れてきたことが始まっています。自民党の憲法改正推進本部は２０１８年春に「条文イメージ・たたき台素案」を策定し、その中に「改憲4項目」を明記しましたが。最近ではこれ以外に、１９５０年代からの本命の一つであった憲法24条の改定についても議論が復活しそうな勢いです。例えば、同性婚の法制化を理由として掲げ、24条1項を改定したいという発言などが見られます。私の見解を述べると、同性婚の法制化のために24条1項を変える必要はありません。24条1項が謳っているのはあくまでも異性婚の成立要件であり、同性婚の法制化は同条2項の謳う「個人の尊厳」に基づいて法制化を進めればいいように思います。24条の改定が主張されるときに注意しておかねばならないことは、改憲が私たちの「個人の尊厳」を否定したり、国が望むような総動員体制の維持に求められる〈理想的〉な家族像を示したりするようなものになりかねないことです。この点を最後に指摘させていただきます。

本日のシンポジウムでは、雨宮さんと中野さんのお二人から様々な論点から語っていただき、安倍政権がこの7年間で進めてきたことの本質が明らかになりました。私たちの目の前にある課題は多岐にわたりますが、これらを一歩ずつクリアしながら、人間の連帯に基づく社会の構築を、多くの人たちの団結の力によって進めていきたいと思っています。本日は長時間ご清聴くださり、誠にありがとうございました。

【資料】

仕事の世界における暴力及びハラスメントの撤廃に関する条約

（ＩＬＯ第一九〇号条約）　２０１９年６月21日採択　２０２１年６月25日発効

国際労働機関の総会は、理事会によりジュネーブに招集されて、二〇一九年六月一〇日にその第一〇八回（一〇〇周年）会期として会合し、フィラデルフィア宣言が、全ての人間は、人種、信条又は性にかかわりなく、自由及び尊厳並びに経済的保障及び機会均等の条件において、物質的福祉及び精神的発展を追求する権利をもつことを確認していることを想起し、国際労働機関の基本条約との関連性を再確認し、世界人権宣言、市民的及び政治的権利に関する国際規約、経済的、社会的及び文化的権利に関する国際規約、あらゆる形態の人種差別の撤廃に関する国際条約、女子に対するあらゆる形態の差別の撤廃に関する条約、全ての移住労働者及びその家族の構成員の権利の保護に関する国際条約、障害者の権利に関する条約等の他の関連する国際文書を想起し、暴力及びハラスメント（ジェンダーに基づく暴力及びハラスメントを含む。）のない仕事の世界についての全ての者の権利を認識し、仕事の世界における暴力及びハラスメントが人権の侵害又は濫用に当たるおそれがあること及び機会均等に対する脅威である当該暴力及びハラスメントが容認することができないものであり、かつ、適切な仕事と両立しないものであることを認識し、相互尊重及び人間の尊厳に基礎を置く労働の文化が暴力及びハラスメントの防止のために重要であることを認識し、加盟国が、暴力及びハラスメントの行動及び慣行の防止を容易にするため、暴力及びハラスメントを一切許容しない一般の環境の醸成を促進する重要な責任を有していること並びに仕事の世界における全ての関係者が、暴力及びハラスメントを差し控え、及び防止し、並びにこれらに対処しなければならないことを想起し、仕事の世界における暴力及びハラスメントが個人の心理的な、身体的な及び性に関する健康、尊厳並びに家庭環境及び社会環境に影響を及ぼすことを認め、暴力及びハラスメントが、公的サービス及び民間のサービスの質にも影響を及ぼすものであり、並びに人々（特に女性）が労働市場にアクセスし、及び留まり、並びに労働市場において昇進することを妨げるおそれがあることを認識し、暴力及びハラスメントが、持続可能な企業の促進と両立せず、並びに業務編成、職場関係、労働者の関与、企業の社会的評価及び生産性に対して悪影響を及ぼすことに留意し、ジェンダーに基づく暴力及びハラスメントは、女子に対して不均衡に影響を及ぼすことを認め、また、根底にある原因及び危険要因（定型化されたジェンダーの観念、複合的な形態の差別並びにジェンダーに基づく不平等な力関係を含む。）に対処する包摂的な、統合された、及びジェンダーに配慮した取組方法が、仕事の世界における暴力及びハラスメントを終了させるために不可欠であることを認識し、家庭内暴力が雇用、生産性並びに健康及び安全に影響を及ぼすおそれがあること並びに政府、使用者団体及び労働者団体並びに労働市場に関する機関が、他の措置の一部として、家庭内暴力の影響を認識し、並びにこれに対応し、及び対処することに寄与し得ることに留意し、会期の議事日程の第五議題である仕事の世界における暴力及びハラスメントに関する提案の採択を決定し、その提案が国際条約の形式をとるべきであることを決定して、次の条約（引用に際しては、二〇一九年の暴力及びハラスメント条約と称することができる。）を二〇一九年六月二一日に採択する。

Ⅰ　定義

第一条

この条約の適用上、

1 (a) 仕事の世界における「暴力及びハラスメント」とは、一回限りのものであるか反復するものであるかを問わず、身体的、心理的、性的又は経済的損害を目的とし、又はこれらの損害をもたらし、若しくはもたらすおそれのある一定の容認することができない行動及び慣行又はこれらの脅威をいい、ジェンダーに基づく暴力及びハラスメントを含む。

（b）「ジェンダーに基づく暴力及びハラスメント」とは、性若しくはジェンダーを理由として個人に向けられた暴力及びハラスメント又は特定の性若しくはジェンダーの個人に対して不均衡に影響を及ぼす暴力及びハラスメントをいい、セクシュアル・ハラスメントを含む。

2　国内法令における定義は、1（a）及び（b）の規定の適用を妨げることなく、単一の概念又は別個の概念として定めることができる。

Ⅱ　適用範囲

第二条

1　この条約は、仕事の世界における労働者その他の者（国内法令及び国内慣行によって定義される被用者、契約上の地位のいかんを問わず働く者、訓練中の者（実習生及び修習生を含む。）、雇用が終了した労働者、ボランティア、求職者及び就職志望者並びに使用者としての権限を行使し、又は義務若しくは責任を果たす者を含む。）を保護するものである。

2　この条約は、民間部門であるか又は公的部門であるかを問わず、公式の経済及び非公式の経済の双方において、並びに都市におけるものであるか又は農村におけるものであるかを問わず、全ての分野について適用する。

第三条

この条約は、業務の過程において生じ、又は業務に関連し、若しくは起因する仕事の世界における暴力及びハラスメントであって、次に掲げるものについて適用する。

（a）職場（業務を行う場所である公的及び私的な空間を含む。）におけるもの

（b）労働者が支払を受け、休憩若しくは食事をとり、又は衛生設備、洗浄設備及び更衣室として利

用する場所におけるもの
（c）業務に関連する外出、出張、訓練、行事又は社会活動の間におけるもの
（d）業務に関連する連絡（情報通信技術によって行うことができるものを含む。）を通じたもの
（e）使用者によって提供された居住設備におけるもの
（f）往復の通勤時におけるもの

Ⅲ　中核となる原則

第四条

1　この条約を批准する加盟国は、暴力及びハラスメントのない仕事の世界に対する全ての者の権利を尊重し、促進し、及び実現する。

2　加盟国は、国内法令に従い、及び国内事情に応じて、並びに代表的な使用者団体及び労働者団体と協議した上で、仕事の世界における暴力及びハラスメントの防止及び撤廃のための包摂的な、統合された、及びジェンダーに配慮した取組方法を採用する。当該取組方法においては、適当な場合には、第三者が関与する暴力及びハラスメントを考慮に入れるべきであり、並びに次に掲げることを含む。

（a）暴力及びハラスメントを法令で禁止すること。
（b）関連する政策が暴力及びハラスメントに対処するものであることを確保すること。
（c）暴力及びハラスメントを防止し、これに対処するための措置を実施するための包括的な戦略を採用すること。
（d）執行及び監視に係る仕組みを確立し、又は強化すること。
（e）被害者が救済措置及び支援を利用することができることを確保すること。
（f）制裁を定めること。

（g）適当な場合には利用しやすい様式により、手段及び指針を定め、教育及び訓練を発展させ、並びに啓発すること。

（h）暴力及びハラスメントが行われた場合の監督及び調査の効果的な手段（労働監督機関その他の権限のある機関を通じた手段を含む。）を確保すること。

3　加盟国は、2に規定する取組方法を採用し、及び実施するに当たり、政府、使用者及び労働者並びに使用者団体及び労働者団体について、それぞれの責任の異なる性質及び範囲を考慮に入れつつ、異なり、及び補完的な役割及び機能を認識する。

第五条

加盟国は、仕事の世界における暴力及びハラスメントを防止し、及び撤廃するため、労働における基本的な原則及び権利、すなわち、結社の自由及び団体交渉権の実効的な承認、あらゆる形態の強制労働の撤廃、児童労働の実効的な廃止並びに雇用及び職業に関する差別の撤廃を尊重し、促進し、及び実現し、並びに適切な仕事を促進する。

第六条

加盟国は、雇用及び職業における平等及び無差別に対する権利（女性労働者及び仕事の世界における暴力及びハラスメントにより不均衡に影響を受ける一又は二以上の被害を受けやすい集団又は被害を受けやすい状況にある集団に属する労働者その他の者の権利を含む。）を確保する法令を制定し、及び政策を策定する。

Ⅳ　保護及び防止

第七条

加盟国は、第一条の規定の適用を妨げることなく、及び同条の規定に適合するように、仕事の世界における暴力及びハラスメント（ジェンダーに基づく暴力及びハラスメントを含む。）を定義し、及び禁止する法令を制定する。

第八条

加盟国は、仕事の世界における暴力及びハラスメントを防止するため、次のことを含む適当な措置をとる。

（a）非公式の経済における労働者にとって公の機関の役割が重要であることを認識すること。

（b）関係する使用者団体及び労働者団体と協議した上で、並びに他の手段を通じて、労働者その他の関係する者が暴力及びハラスメントに一層さらされる分野又は職業及び就業形態を特定すること。

（c）(b)に規定する者を効果的に保護するための措置をとること。

第九条

加盟国は、仕事の世界における暴力及びハラスメント（ジェンダーに基づく暴力及びハラスメントを含む。）を防止し、及び合理的に実行可能な限り、特に次のことを行うため、自らの管理の水準に応じた適当な手段を講ずることを使用者に要求する法令を制定する。

（a）労働者及びその代表者と協議した上で、暴力及びハラスメントに関する職場における方針を策定し、実施すること。

（b）職業上の安全及び健康の管理における暴力及びハラスメント及び関連する心理社会的な危険性を考慮に入れること。

(c)労働者及びその代表者の参加を得て、暴力及びハラスメントの有害性を特定し、及び暴力及びハラスメントの危険性を評価すること並びに暴力及びハラスメントを防止し、及び管理するための措置をとること。

(d)労働者その他の関係する者に対し、適当な場合には利用しやすい様式により、暴力及びハラスメントの特定された有害性及び危険性並びに関連する防止措置及び保護措置((a)に規定する職場における方針との関連における労働者その他の関係する者の権利及び責任に関するものを含む。)に関し、情報を提供し、及び訓練を行うこと。

V 執行及び救済措置

第一〇条

加盟国は、次のことを行うための適当な措置をとる。

(a)仕事の世界における暴力及びハラスメントに関する国内法令を監視し、及び執行すること。

(b)仕事の世界において暴力及びハラスメントが行われた場合には、次のような適当かつ効果的な救済措置並びに安全かつ公正で効果的な報告及び紛争解決のための制度及び手続を容易に利用することができることを確保すること。

(i)職場の段階における申立て及び調査の手続並びに適当な場合には、紛争解決のための制度

(ii)職場の外における紛争解決のための制度

(iii)裁判所

(iv)申立てを行った者、被害者、証人及び内部告発者に対する迫害又は報復からの保護

(v)申立てを行った者及び被害者に対する法的、社会的、医学的及び行政的支援措置

(c)可能な限り及び適当な場合には、関係する個人のプライバシー及び秘密性を保護し、並びにプ

ライバシー及び秘密性に関する要件が濫用されないことを確保すること。

（d）仕事の世界における暴力及びハラスメントが行われた場合において、適当なときは、制裁を定めること。

（e）仕事の世界における暴力及びハラスメントであって、ジェンダーに基づくものの被害者が、申立て及び紛争解決のための制度、支援、サービス並びに救済措置であって、ジェンダーに配慮した、安全かつ有効なものを効果的に利用することができるようにすること。

（f）家庭内暴力の影響を認識し、及び合理的に実行可能な限り、仕事の世界におけるその影響を緩和すること。

（g）労働者が、暴力及びハラスメントに起因する生命、健康又は安全に対する急迫したかつ重大な危険を示す業務の状況（信ずるに足りる合理的な正当性を有するもの）から、報復その他の不当な結果を被ることなく、避難する権利を有し、及び経営者に通報する義務を有することを確保すること。

（h）労働監督機関その他の関連する当局が、適当な場合には、仕事の世界における暴力及びハラスメントに対処するための権限を与えられること（即時の措置を要求する命令及び生命、健康又は安全に対する急迫した危険がある場合において業務を停止させる命令を発することによるものを含む。ただし、司法当局又は行政当局に対し不服申立てを行う権利（法令に定めるもの）の行使の対象となるものに限る。）を確保すること。

Ⅵ　指針、訓練及び啓発

第一一条

加盟国は、代表的な使用者団体及び労働者団体と協議した上で、次のことを確保するよう努める。

（a）仕事の世界における暴力及びハラスメントが、職業上の安全及び健康、平等及び無差別並びに移住に関する政策等の関連する国内政策において対処されること。
（b）使用者及び労働者、使用者団体及び労働者団体並びに関連する当局に対し、仕事の世界における暴力及びハラスメント（ジェンダーに基づく暴力及びハラスメントを含む。）についての指針、資源、訓練その他の手段が適当な場合には利用しやすい様式により、提供されること。
（c）啓発活動を含む取組が実施されること。

Ⅶ　適用方法

第一二条
この条約の規定は、国内法令により、及び国内慣行に適合する労働協約その他の措置を通じて適用する（必要な場合には、暴力及びハラスメントを対象とする既存の職業上の安全及び健康に関する措置を拡充し、又は適合させること並びに特定の措置を策定することによる適用を含む。）。

Ⅷ　最終規定

第一三条
この条約の正式な批准は、登録のため国際労働事務局長に通知される。

第一四条
1　この条約は、加盟国であって自国による批准が国際労働事務局長に登録されたもののみを拘束する。
2　この条約は、二の加盟国による批准が国際労働事務局長に登録された日の後一二箇月で効力を生ずる。

3　この条約は、その効力が生じた後は、いずれの加盟国についても、自国による批准が登録された日の後一二箇月で効力を生ずる。

第一五条

1　この条約を批准した加盟国は、この条約が最初に効力を生じた日から一〇年を経過した後は、登録のため国際労働事務局長に送付する文書によってこの条約を廃棄することができる。廃棄は、登録された日の後一年間は効力を生じない。

2　この条約を批准した加盟国であって1に規定する一〇年の期間が満了した後一年以内にこの条に定める廃棄の権利を行使しないものは、更に一〇年間拘束を受けるものとし、その後は、新たな一〇年の期間の最初の年に、この条に定める条件に従ってこの条約を廃棄することができる。

第一六条

1　国際労働事務局長は、加盟国から通知を受けた全ての批准及び廃棄の登録について全ての加盟国に通報する。

2　国際労働事務局長は、通知を受けた二番目の批准の登録について加盟国に通報する際に、この条約が効力を生ずる日につき加盟国の注意を喚起する。

第一七条

国際労働事務局長は、国際連合憲章第一〇二条の規定による登録のため、前諸条の規定に従って登録された全ての批准及び廃棄の完全な明細を国際連合事務総長に通知する。

第一八条
理事会は、必要と認めるときは、この条約の運用に関する報告を総会に提出するものとし、また、この条約の全部又は一部の改正に関する問題を総会の議事日程に加えることの可否を検討する。

第一九条
1　総会がこの条約を改正する条約を新たに採択する場合には、その改正条約に別段の規定がない限り、
（a）加盟国によるその改正条約の批准は、その改正条約が自国について効力を生じたときは、第一五条の規定にかかわらず、当然にこの条約の即時の廃棄を伴う。
（b）この条約は、その改正条約が効力を生ずる日に加盟国による批准のための開放を終了する。
2　この条約は、これを批准した加盟国であって1の改正条約を批准していないものについては、いかなる場合にも、その現在の形式及び内容で引き続き効力を有する。

第二〇条
この条約の英文及びフランス文は、ひとしく正文とする。

【引用元】国際労働機関（ＩＬＯ）駐日事務所ウェブサイト掲載の条約一覧より引用。
https://www.ilo.org/tokyo/standards/list-of-conventions/WCMS_723156/lang--ja/index.htm

シンポジウムから一年――闘いはこれから　清末愛砂

安倍氏の首相辞任を迎えて

函館で開催された第56回護憲大会から一年に満たない2020年9月16日、憲政史上最長の在任期間を記録した悪名高き安倍政権が終わりを迎えました。辞任表明の際に、安倍氏は持病の再発により国民からの負託に応えることができなくなったことがその理由であると説明しました。反対意見にいっさい耳を傾けず、傍若無人に振る舞い続けてきた同政権に対する民衆の抵抗の結果として、辞任に追い込むことができたのであれば、健全な民主主義を求める闘いの勝利といえたでしょう。

残念ながらそうとはいえず、むしろそうでなかったからこそ、安倍政治の広報官というべき存在であった菅義偉氏がその政治をそのまま踏襲するために首相に就任したととらえるべきでしょう。ナチス・ドイツのヒットラーが首相を辞めたら、今度は宣伝大臣として政府のプロパガンダの吹聴に大きな力を発揮したゲッベルスがその座についたようなものです。予想通りというべきか、発足直後に日本学術会議会員任命拒否事件を引き起こす等、菅政権の強権ぶりは前政権以上の禍々しさがあります。この事件は、政権に批判的と思われる研究者を見せしめにしながら「政府に盾突くことは許さない」というメッセージを研究者全体に送り、批判的な声を封じることを目的とするものでしょう。

安倍政治7年8か月――悪行のバームクーヘン

7年8か月にも及んだ安倍政権（第二次安倍政権から第四次安倍政権まで）の下では、軍事的な意味でも経済的な意味でも世界の大国になることを目指して、人権や民主的プロセス等を徹底的に無視した悪行が次から次へと積み重ねられていきました。悪行の年輪で膨らんだバームクーヘンを大きな枠組みで切り分けると、①憲法改悪に向けた加速的な動き、②実質的改憲というべき憲法原理を無視した数々の悪法の制定、③新自由主義経済の推進に基づく人のモノ化と搾取、④公文書の改ざん・隠ぺいの4つに分類することができるでしょう。

①については、2017年5月3日に政権与党の自民党の総裁として安倍晋三氏が、読売新聞の単独インタビューおよび改憲派の集会に寄せたビデオメッセージで自衛隊の憲法明記等に言及し、翌18年3月には自民党憲法改正推進本部が改憲4項目の条文イメージ・たたき台素案をまとめました。自衛隊の憲法明記等の4項目が語られてから2年半が経つ現在もなお、自民党はこのたたき台素案に沿った改憲意欲をまったく失っていません。

②については、とりわけ、メディアの取材への規制にもつながりうる情報隠しのための特定秘密保護法（2013年）や、集団的自衛権の限定行使容認に基づく武力行使を目的とする自衛隊の海外派兵および外国軍への後方支援の拡大を可能にした一連の安全保障関連法（2015年）の制定、そして市民運動や労働運動への弾圧の手段となりうる共謀罪の導入（2017年）をあげることができるでしょう。疑いようもなく、憲法違反のありえない立法案であったことから日本各地で多数の市民が抗議行動を展開し、その成立を断念させようとしました。しかし、政権与党は国会の外でのこうした声をすべて無視し、国会内での数の論理を武器にして

これらの悪法を強行成立させたのです。

　このような反動的な動きは、人権に基づく平和な社会をつくることを根底から否定するものでした。同時に日本国憲法がありながらも、日本という国家が大日本帝国同様の軍事大国および人権抑圧国家に戻る道を着実に切り拓いたという点において、それは立憲主義の明らかな破壊を意味するものでした。政府や政権与党の強硬姿勢は、沖縄の民意に反して高江《たかえ》での米軍のヘリパッド建設や辺野古《へのこ》での米軍の新基地建設を頑なに継続してきたこと、またそれらに異を唱える住民・市民による抗議行動に対する暴力的排除や弾圧等にも顕著に表れていました。

　③については、冷え込む日本経済の復興のために、「アベノミクス」や「働き方改革」の名の下で多数の人々に国家経済を支える〈駒〉になることを強いてきたことを意味します。労働環境の劣悪化を前提として、ひとつの人格を有する個人の尊厳を著しく傷つけるような搾取的政策が導入され、経済格差がますます広がったのです。この点は、本シンポジウムで中野麻美さんと雨宮処凛さんが的確に指摘された通りです。同時に国家権力の思惑に疑いを持たない者を育む公教育づくりの一環として、例えば、道徳の教科化等が推し進められていきました。

　④についてはあまりにも数が多いのですが、国民の記憶に強く残るようなインパクトを与えた代表的事件としては、安倍昭恵氏を名誉校長とする小学校新設をめぐる設置許可基準の緩和問題、および同学校設置用に売却された国有地の大幅値下げをめぐる財務省の文書改ざん事件として知られる森友学園問題や、愛媛県今治市での獣医学部新設をめぐる内閣府と文部科学省の文書の隠ぺいが発覚した加計学園問題、南スーダンに派遣された陸上自衛隊の日報隠ぺい問題等があります。公文書の改ざんや隠ぺいは公権力による情報コントロールであり、市民や研

究者、メディアが公権力の動きにかかわる情報にアクセスできなくなると、不正が行われていてもそれを知ることができないために公権力に対する監視の目がおよばなくなります。加えて言論封殺が行われれば、一気に独裁国家化が進みます。

闘いはこれから――絶望ではなく解放をめざして

どれだけ時間をかけても語りつくせないほどの悪夢が連夜のように続いた安倍政治の7年8か月の間に、わたしの頭のなかには幾度となくピレネー山脈を歩く思想家ヴァルター・ベンヤミンの姿がよぎりました。悪夢の果てにある日本社会の悲惨な末路を想像せずにはいられなかったからです。

1940年9月、ユダヤ人であるベンヤミンはスペイン経由で米国に逃れるために、ナチス・ドイツの占領下のフランスからスペインに向けてピレネー山脈を越えようとしました。しかし、それはかないませんでした。スペイン側の国境の街ポルトボウにたどり着いたというのにフランスへ強制送還すると告げられたからです。その晩のうちにベンヤミンは服毒自殺をしました。ベンヤミンのこうした姿が浮かぶたびに、彼が抱いたであろう絶望感とわたしのそれは現段階では異なるものだと言い聞かせてきました。日本の民主主義が刻々と破壊されてきたとはいえ、わたしたちはまだ表に出て政権に対する抵抗の声をあげることができるからです。一緒に声を出す仲間が各地にいるからです。

自民党の改憲の動きの加速化を受け、昨年の護憲大会の準備段階で思わず、「これが最後の護憲大会になるかもしれない。危機的な情勢だ」と関係者に悲痛な思いを吐露したこともありました。しかし、新型コロナウイルスの感染拡大問題の発生にともない、政府がその対応に追われる等いくつかの要因が重なったとはいえ、本稿を書いている本日まで自民党が長年夢見てきた改憲は成功していません。安倍政治を無批判に踏襲し、それ以上の強硬さが今後も出てくることが十分予想できる菅政権／菅自民党である以上、予断がまったく許されないことはいうまでもありません。しかし、このまま突き進むと、わたしたちは粛々と服従する民となり、結果的に絶望しか残らないことになります。

「いま、抵抗しなかったらいつするのか」
「いま、声を出さなければいつ出すのか」

わたしたちは絶望に向かって生きるのではなく、少しずつであっても解放につながる道を選ばなければならないのではないでしょうか。闘いの正念場はこれからです。

２０２０年10月23日

人間のゆるやかな連帯を信じて

著者：

雨宮　処凛（あまみや　かりん）
（作家／活動家）

中野　麻美（なかの　まみ）
（弁護士）

清末　愛砂（きよすえ　あいさ）
（室蘭工業大学大学院工学研究科准教授）

編者：

公益社団法人北海道地方自治研究所
http://www.hokkaido-jichiken.jp

発行者：

フォーラム平和・人権・環境
http://www.peace-forum.com/

日本社会は本当にこれでいいのか？
安倍政権の７年を問う！

発行日　2020年11月27日　第１版第１刷発行

発行者　フォーラム平和・人権・環境
発行所　株式会社八月書館
〒113 - 0033　東京都文京区本郷 2 - 16 - 12 302
TEL 03 - 3815 - 0672　FAX 03 - 3815 - 0642
郵便振替 00170 - 2 - 34062
印刷所　創栄図書印刷株式会社

ISBN978 - 4 - 909269 - 13 - 3　定価はカバーに表示してあります

八月書館◎関連するブックレット

貧困・格差の現場から

――シンポジウム・あたりまえの社会を考える

市民連合／戦争させない・９条壊すな！　総がかり行動実行委員会 編・定価（本体900円＋税）

好景気の声とは裏腹に非正規雇用が加速し、貧困世帯が増大する現代日本。社会の底も政治の底も抜けている状況を直視して、尊厳ある人生を回復するための仕組みをどう作っていくかのテーマのもとに開かれたシンポジウムの記録。

・本田由紀「シンポジウムの目的と流れ」
・前川喜平「教育格差と教育の機会均等」
・赤石千衣子「ジェンダーの平等を基礎にした社会」
・雨宮処凛「ロスジェネ、その10年後」
・山崎一洋「貧困の中の子ども」

沖縄・辺野古から見る日本のすがた

戦争させない・９条壊すな！　総がかり行動実行委員会 編
定価（本体800円＋税）

土砂が投入され始めた沖縄・辺野古の「新基地予定地」!!

しかし、憲法上も行政法上も理不尽な基地建設強行は、マヨネーズ並と言われる軟弱地盤、投入される赤土の土質など、解決不能の難問をかかえる。戦後沖縄の焦点、日本の安全保障、日米地位協定も掘り下げる。

・前田哲男「まず『沖縄の戦後』を知る」
・上上田毅「辺野古新基地建設が頓挫する２つの理由」
・白藤博行「辺野古訴訟で問われる法と正義」
・飯島滋明「日本の安全保障」
・佐々木健次「日本の主権はどこに」
・山城博治（インタビュー）